N
O
P
Q
R
S
U
T
V
W
X
Y
Z

MÉTHODE BOSCHER
ou La Journée des Tout Petits

Mon abécédaire

Des activités pour apprendre à reconnaître les lettres

Belin

8, rue Férou 75278 Paris cedex 06
www.editions-belin.com

Mon abécédaire s'adresse à tous les enfants à partir de 4 ans. De page en page, l'enfant découvre les 26 lettres de l'alphabet et apprend à les reconnaître grâce à des activités et des jeux.

La lettre et ses graphies

Le mot repère

1re activité: chercher dans l'image des mots contenant la lettre

2e activité: reconnaître la lettre parmi d'autres

3e activité: reconnaître la lettre employée dans un mot

4e activité: s'amuser à compléter un mot avec un autocollant

\+ en fin d'ouvrage — *Le petit jeu de l'abécédaire*

Illustrations: François Garnier

Vignettes: François Garnier, Lise Herzog, Stéphanie Rubini

Illustration de couverture: Lise Herzog

Imprimé en France par Pollina, 85400 Luçon – N° d'édition: 006847-01 – N° d'imprimeur: L63129 – Dépôt légal: janvier 2013

ISBN 978-2-7011-6847-0

A

A a A a

AVION
avion
avion

<u>A</u>lice s'<u>a</u>muse sur l<u>a</u> pl<u>a</u>ge.

- **Cherche et trouve dans la grande image :**

le parasol  la barque  le pâté de sable 

- **Regarde les lettres et montre les A (A, a, a).**

A e o ɑ a o

a N b e a

- **Prononce les mots et montre les A (A, a, a).**

ARBRE

âne

abricot

- **Place l'autocollant de la lettre qui manque.**

GIR A FE

B

B b *B b*

BALLON
ballon
ballon

Basile achète des bonbons.

• **Cherche et trouve dans la grande image :**

le **b**anc 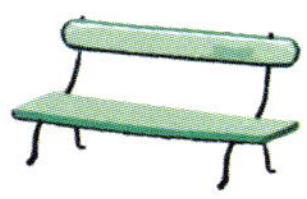 la ro**b**e  le **b**ocal 

• **Regarde les lettres et montre les B (B, b, *b*).**

B *b* d *k* **b** b p *l* **d** q b

• **Prononce les mots et montre les B (B, b, *b*).**

BOÎTE

bébé

framboise

• **Place l'autocollant de la lettre qui manque.**

TAM B OUR 

C

C c C c

COQ
coq
coq

Camille revient de l'école.

- **Cherche et trouve dans la grande image :**

la canne    le cartable    l'école 

- **Regarde les lettres et montre les C (C, c, c).**

C   o   c   a   e   c

c   O   u   x   c

- **Prononce les mots et montre les C (C, c, c).**

CAROTTE

cage

cabane

- **Place l'autocollant de la lettre qui manque.**

C ANARD

D

D d *D d*

DOMINO
domino
domino

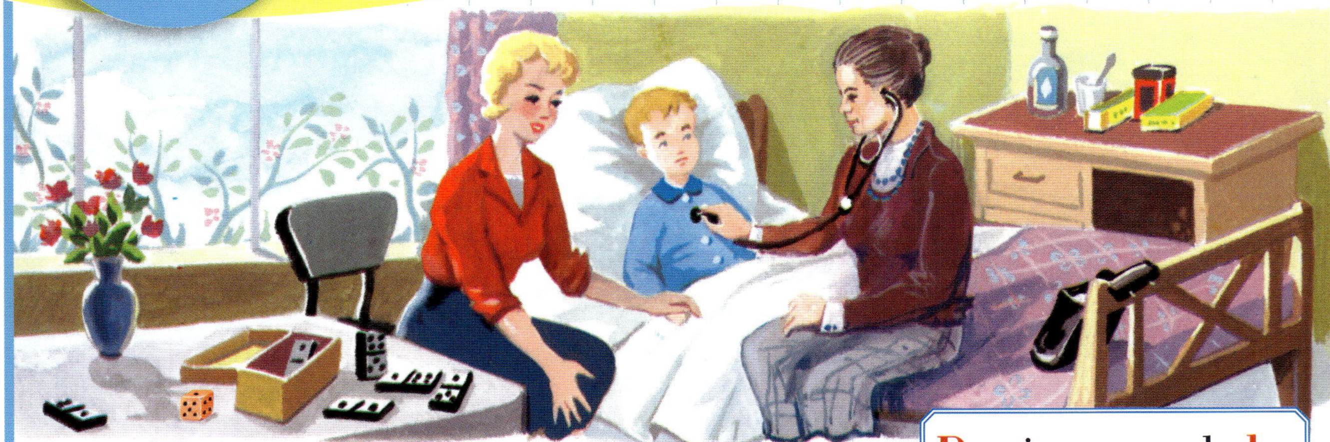

Damien est mala**d**e.

• Cherche et trouve dans la grande image :

le **d**é  la **d**octoresse  les mé**d**icaments 

• Regarde les lettres et montre les D (D, d, *d*).

d q d p q d

d D b **d** b

• Prononce les mots et montre les D (D, d, *d*).

DINDON

cadre

cadeau

• Place l'autocollant de la lettre qui manque.

IN[D]IEN

E

E e E e

ÉCUREUIL
écureuil
écureuil

Emma a perdu sa peluche.

- **Cherche et trouve dans la grande image :**

les cheveux  les fleurs  l'écureuil 

- **Regarde les lettres et montre les E (E, e, e).**

B e o E c H
l F e e e

- **Prononce les mots et montre les E (E, e, e).**

CERISES

cheval

melon

- **Place l'autocollant de la lettre qui manque.**

R E NARD

F

F f F f

FILLE
fille
fille

Fanny fait du café.

- **Cherche et trouve dans la grande image :**

la **f**arine  la **f**ête **f**oraine  le **f**lacon 

- **Regarde les lettres et montre les F (F, f, f).**

E t f H l F

f t f b r

- **Prononce les mots et montre les F (F, f, f).**

FIGUE

sifflet

confiture

- **Place l'autocollant de la lettre qui manque.**

F RAISE

G

G g *G g*

GARÇON
garçon
garçon

Guillaume gambade avec son chien.

- **Cherche et trouve dans la grande image :**

la **g**are  le **g**rand-père  le manteau **g**ris 

- **Regarde les lettres et montre les G (G, g, *g*).**

Q q g b g g

g G 9 8 b

- **Prononce les mots et montre les G (G, g, *g*).**

GUITARE

galette

escargot

- **Place l'autocollant de la lettre qui manque.**

LÉGUMES

H

H h *H h*

HIBOU
hibou
hibou

Hugues prend son vélo même en hiver.

• Cherche et trouve dans la grande image :

le **h**ibou  le **h**ameau  l'**h**omme  la c**h**andelle 

• Regarde les lettres et montre les H (H, h, *h*).

h b n h *k* H
h n F *b* h

• Regarde les mots et montre les H (H, h, *h*).

HARPE

hirondelle

hache

• Place l'autocollant de la lettre qui manque.

HIPPOPOTAME 

I

I i *I* *i*

IGUANE
iguane
iguane

Isabelle regarde un livre d'images.

- **Cherche et trouve dans la grande image :**

le livre  les billes  la grimace 

- **Regarde les lettres et montre les I (I, i, *i*).**

L i j I *u* d

i l b i 1

- **Prononce les mots et montre les I (I, i, *i*).**

IRIS

niche

artichaut

- **Place l'autocollant de la lettre qui manque.**

ORD I NATEUR

J

J j *J j*

JETON
jeton
jeton

Julie montre sa jolie jupe.

• Cherche et trouve dans la grande image :

le journal  la jupe  le jeu  l'abat-jour 

• Regarde les lettres et montre les J (J, j, *j*).

l t J *y* i J

g y j *j* j

• Prononce les mots et montre les J (J, j, *j*).

JAUNE

pyjama

jaguar

• Place l'autocollant de la lettre qui manque.

J OUETS

K

K k K k

KOALA
koala
koala

Kiki chasse les souris.

- **Cherche et trouve dans la grande image :**

le **k**épi  un **k**ilo 

le jo**k**er 

- **Regarde les lettres et montre les K (K, k, k).**

k M l W K l
k k b k w

- **Prononce les mots et montre les K (K, k, k).**

KAYAK

kimono

jokari

- **Place l'autocollant de la lettre qui manque.**

K ANGOUROU 

L   L l 𝓛 𝓁

LAPIN
lapin
lapin

Léonard nourrit les lapins.

- **Cherche et trouve dans la grande image :**

la luge    le livre 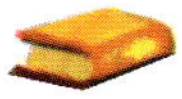   le lézard    les tulipes 

- **Regarde les lettres et montre les L (L, l, 𝓁).**

l   T   L   L   i   1

h   J   t   l   L

- **Prononce les mots et montre les L (L, l, 𝓁).**

LOUP

locomotive

échelle

- **Place l'autocollant de la lettre qui manque.**

POU L AIN

M

M m M m

MAISON
maison
maison

Mathieu épluche une po**mm**e.

- **Cherche et trouve dans la grande image :**

la **m**arguerite  **M**a**m**an  la to**m**ate  la fer**m**e 

- **Regarde les lettres et montre les M (M, m, m).**

m u m m n M
n N M m W

- **Prononce les mots et montre les M (M, m, m).**

MANTEAU

marteau

camion

- **Place l'autocollant de la lettre qui manque.**

M OUTON

N

N n N n

NID
nid
nid

Nicolas a découvert un nid.

- **Cherche et trouve dans la grande image :**

le navire  l'âne  le nœud défait 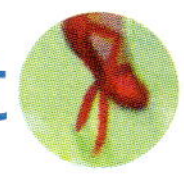

- **Regarde les lettres et montre les N (N, n, n).**

m N m n u M

u u H n n

- **Prononce les mots et montre les N (N, n, n).**

NOIX

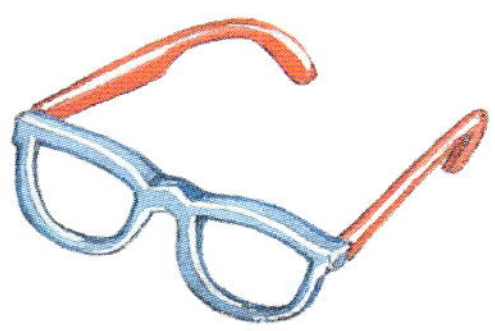

lunettes

prune

- **Place l'autocollant de la lettre qui manque.**

GRE N OUILLE 

O

O o O o

ORANGE
orange
orange

Olivia tient un hochet.

• Cherche et trouve dans la grande image :

le hochet  le bol  le coquetier 

• Regarde les lettres et montre les O (O, o, o).

O Q o a q o

o D b o a

• Prononce les mots et montre les O (O, o, o).

OLIVE

omelette

coquelicot

• Place l'autocollant de la lettre qui manque.

OTARIE

P

P p P p

POUSSIN
poussin
poussin

Perrine tricote un pull.

- **Cherche et trouve dans la grande image :**

la poule  la pelle  le puits  la pioche 

- **Regarde les lettres et montre les P (P, p, p).**

q p p q q P

j b p p d

- **Prononce les mots et montre les P (P, p, p).**

PAIN

poire

champignons

- **Place l'autocollant de la lettre qui manque.**

PA P ILLON

Q

Q q Q q

QUILLES
quilles
quilles

Quentin va se faire piquer !

- **Cherche et trouve dans la grande image :**

la queue  le coquelicot  la barrique 

- **Regarde les lettres et montre les Q (Q, q, q).**

d q q p Q q
d o b d q

- **Prononce les mots et montre les Q (Q, q, q).**

coq

casquette

barque

- **Place l'autocollant de la lettre qui manque.**

ÉTIQUETTE 

R

R r R r

RADIS
radis
radis

Rémi joue avec son parachute.

• Cherche et trouve dans la grande image :

le rôti  la casserole  le torchon  le four 

• Regarde les lettres et montre les R (R, r, r).

P B n r R i

r r n v r

• Prononce les mots et montre les R (R, r, r).

RÉVEIL

ruche

poireau

• Place l'autocollant de la lettre qui manque.

CA R TABLE

S S s S s

SALADE
salade
salade

Suzanne a sali sa veste.

• Cherche et trouve dans la grande image :

le soleil  le sabot  les sillons  le seau 

• Regarde les lettres et montre les S (S, s, s).

c a s e S t

s O Z s x

• Prononce les mots et montre les S (S, s, s).

SAPIN

sauterelle

tasse

• Place l'autocollant de la lettre qui manque.

S OURIS 

T

T t 𝒯 𝓉

TÉLÉPHONE
téléphone
téléphone

Thomas fait des bêtises.

- **Cherche et trouve dans la grande image :**

le **t**ableau  la **t**ache  le mar**t**eau 

- **Regarde les lettres et montre les T (T, t, *t*).**

L i t T t l
t j H *p* I

- **Prononce les mots et montre les T (T, t, *t*).**

TOMATE

tortue

timbre

- **Place l'autocollant de la lettre qui manque.**

PANTALON

U

U u U u

UNIFORME
uniforme
uniforme

Ursula cueille du muguet.

- **Cherche et trouve dans la grande image :**

le muguet  la jupe  le pull 

- **Regarde les lettres et montre les U (U, u, u).**

u n O U n O
a U n u u

- **Prononce les mots et montre les U (U, u, u).**

BUS

lune

flûte

- **Place l'autocollant de la lettre qui manque.**

LIBELL U LES

V V v V v

VACHE
vache
vache

Valentin garde ses **v**aches.

• **Cherche et trouve dans la grande image :**

la **v**oiture  le **v**oilier  le **v**éhicule 

• **Regarde les lettres et montre les V (V, v, v).**

v w v W w V

v N z u V

• **Prononce les mots et montre les V (V, v, v).**

VALISE

verre

enveloppe

• **Place l'autocollant de la lettre qui manque.**

V IOLON 

W

W w *W w*

WAGON
wagon
wagon

William regarde les wagons.

- **Cherche et trouve dans la grande image :**

Walter le peintre  Wilfried le marin  Owen le boulanger 

- **Regarde les lettres et montre les W (W, w, *w*).**

V W V M W M

v N *w* **w** **v**

- **Prononce les mots et montre les W (W, w, *w*).**

KIWI

sandwich

- **Place l'autocollant de la lettre qui manque.**

☐ APITI

X x 𝒳 x

XYLOPHONE
xylophone
xylophone

Xavier et Max jouent à la boxe.

- **Cherche et trouve dans la grande image :**

Alix    Maxence    Alexandre 

- **Regarde les lettres et montre les X (X, x, *x*).**

z   F   z   x   K   y

s   X   y   *x*   x

- **Prononce les mots et montre les X (X, x, *x*).**

LYNX

taxi

- **Place l'autocollant de la lettre qui manque.**

SAXOPHONE

Y

Y y Y y

YOYO
yoyo
yoyo

Yasmine ramasse les noix sous le noyer.

• Cherche et trouve dans la grande image :

les rayures  les rayons de soleil  le balayeur 

• Regarde les lettres et montre les Y (Y, y, y).

x j y z v Y

y K X y y

• Prononce les mots et montre les Y (Y, y, y).

YAOURT

yack

• Place l'autocollant de la lettre qui manque.

CRA Y ON

Z

Z z Z z

ZÈBRE
zèbre
zèbre

Zoé visite le zoo.

- **Cherche et trouve dans la grande image :**

le **z**ébu  la ga**z**elle  le ba**z**ar 

- **Regarde les lettres et montre les Z (Z, z, z).**

Z v x N A z

j z Z z x

- **Prononce les mots et montre les Z (Z, z, z).**

ONZE

douze

treize

- **Place l'autocollant de la lettre qui manque.**

LÉ Z ARD 

Le petit jeu de l'abécédaire

Cherche et trouve dans l'image :

la pelote   le biberon   les crayons
les pies   les noix   l'horloge   le drapeau

E B Y P X H D

- **Cherche et trouve dans l'image :**

les wagons la gardeuse d'oies le manège

le potiron la fontaine les ciseaux

W G M O F I

le panier   le cirque   le carton

le joueur de violon   le camion   le chat

N   Q   T   J   C   A

- **Cherche et trouve dans l'image :**

l'horizon le lapin les volets

le semeur le kilt les bûches le ruban

Z L V S K U R

Alice

Basile

Camille

Damien

Emma

Fanny

Guillaume

Hugues

Isabelle

Julie

Kiki

Léonard

Mathieu